Basteln mit den
ALLER
KLEINSTEN

Inhalt

„Mama, guck mal, was ich gemacht habe!"

Wenn mein Sohn mich mit diesem Satz im Kindergarten begrüßt, weiß ich, dass er etwas gebastelt hat. Schnell wie der Blitz rennt er zu seinem neuesten Werk und präsentiert es mir mit strahlenden Augen. Er liebt es, mit Papier, Schere, Farbe und ganz viel Klebstoff fantasievolle Tiere und Figuren entstehen zu lassen. Und nicht selten laufen die selbst gebastelten Pappkameraden den anderen Spielsachen den Rang ab.

Selbermachen ist für Kinder im Kindergartenalter etwas sehr Wichtiges. Hier können sie ihren Tatendrang ausleben, Farben, Materialien und Werkzeuge erkunden, ihrer Fantasie Form geben und etwas Eigenes schaffen. Beim Basteln können Große und Kleine zusammen auf eine wundervolle Entdeckungstour gehen und gemeinsam die kreativen Möglichkeiten, die in Papier, Pappe, Wolle, Stoff, Farbe und allerlei Alltagsdingen stecken, erkunden.

Schon die Kleinsten haben Spaß am Klecksen und Malen. Sie nähern sich offen und spielerisch neuen Materialien und Techniken – und erproben sie oft ganz anders, als wir Erwachsenen das erwarten. Wenn Ihr Kind Freude am Ausprobieren und Experimentieren hat, dann ist das Ergebnis gar nicht mehr so wichtig. Vielleicht entsteht statt einer Knetschnecke mit kleinem Haus eine Schlange oder ein Regenwurm. Ist doch auch schön, oder?

Ich wünsche viel Spaß bei den ersten gemeinsamen Schritten in der Welt des Bastelns.

PAPPE LA PAPP UND PAPIER

KROKODIL

1 Falte den Tonkarton der Länge nach. Die schöne Seite liegt innen.
Lege die Schablone für das Krokodil an der Faltkante an und umfahre die Schablone mit dem Bleistift. Fahre mit dem Bleistift auch in die Ausschnitte am Rücken des Krokodils.

2 Schneide das Krokodil aus. Den Rücken an den schrägen Linien einschneiden.

3 Öffne das Krokodil und klappe die eingeschnittenen Dreiecke am Rücken nach hinten um.

4 Klebe die Wackelaugen auf und male mit dem Gelstift einen Mund auf.

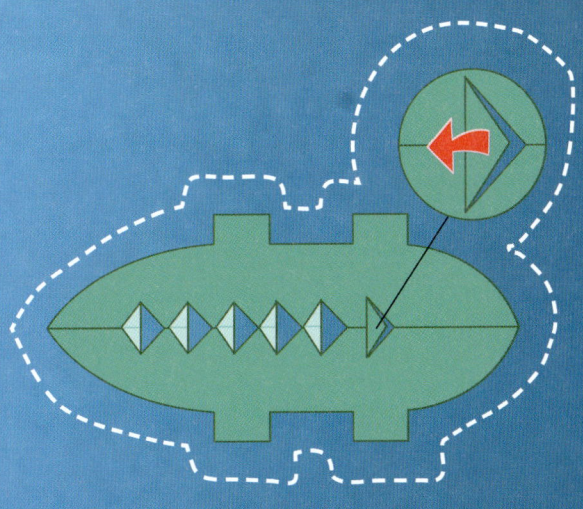

7

DU BRAUCHST:

* Tonkarton in Grün, A4
* Bleistift
* Schere
* 2 Wackelaugen, ⌀ 1 cm
* Klebstoff
* Gelstift in Weiß, Strichstärke 0,8 mm

Vorlage: Krokodil S. 78

TIPP

Nimm die Streifen vor dem Biegen zwischen Daumen und Zeigefinger und ziehe sie mit der anderen Hand langsam durch. Dann lassen sie sich leichter zum Herz formen.

1 Schneide die Streifen jeweils in zwei gleich lange Stücke und falte sie einmal in der Mitte.

2 Nimm den ersten Streifen und biege die Enden nach innen, sodass ein Herz entsteht. Tacker die Enden exakt aufeinander.

3 Das Herz auf den nächsten Streifen fädeln, dann wieder ein Herz formen und zusammentackern.

4 So Herz für Herz aneinanderfügen, bis deine Girlande die gewünschte Länge hat.

DU BRAUCHST

* Fröbelstern-Papierstreifen mit verschiedenen Mustern, 1,5 cm breit, 45 cm lang
* Schere
* Tacker

Herzgirlande

Schlangen

1 Bemale die Klopapierrolle innen und außen mit der Acrylfarbe. Nach dem Trocknen kannst du mit dem Schaschlikstäbchen Punkte aufstempeln.

DU BRAUCHST

* Klopapierrolle
* Acrylfarben
* Pinsel
* Schaschlikstäbchen
* Schere
* Tonkartonrest
* 2 Wackelaugen, ø 1–1,2 mm
* Klebstoff

2 Zerschneide die Klopapierrolle. Setze die Schere dazu leicht schräg am Rand an und schneide dann in Spiralen um die Rolle, bis du das andere Ende erreicht hast.

3 Das dickere Ende der Schlange ausrollen und für den Kopf der Schlange schräg abschneiden.

4 Schneide aus dem Tonkarton eine Schlangenzunge aus und klebe sie mit den Wackelaugen an den Kopf.

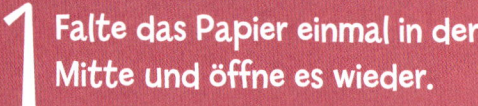

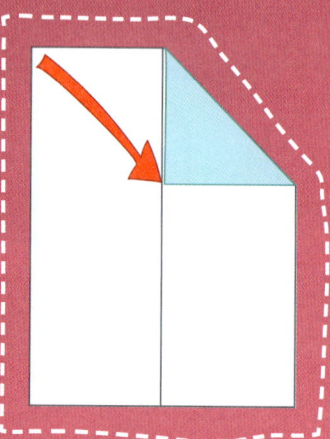

1 Falte das Papier einmal in der Mitte und öffne es wieder.

2 Wende das Papier und schlage die obere rechte Ecke bis zur Faltkante ein. Die obere linke Ecke ebenso falten.

3 Falte die untere rechte Ecke nach links und schneide das Papier an der Faltkante in der Mitte ab. Mit der unteren linken Ecke wiederholen.
Klebe die vier Ecken mit etwas Klebstoff fest.

4 Binde mit der Wolle drei Schleifen aus Krepppapier. Aus dem Tonpapier einen Mund und zwei Augen ausschneiden. Die Schleifen und das Gesicht aufkleben. Knote drei kleine Krepppapier-Stücke an einen Wollfaden und klebe diesen auf der Rückseite unten an den Drachen.

Drachen

DU BRAUCHST

* Motivpapier Rosa und Grün gemustert, A4
* Schere
* Klebstoff
* Wollreste in Petrol
* Krepppapierreste in Grün und Rosa
* Tonpapierrest in Rosa und Rotviolett
* 2 Wackelaugen, ⌀ 1,5 cm

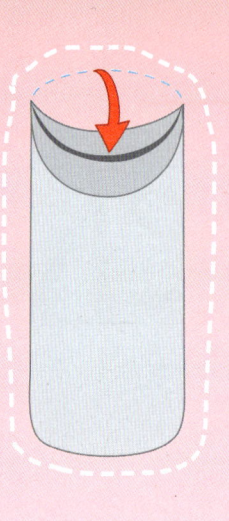

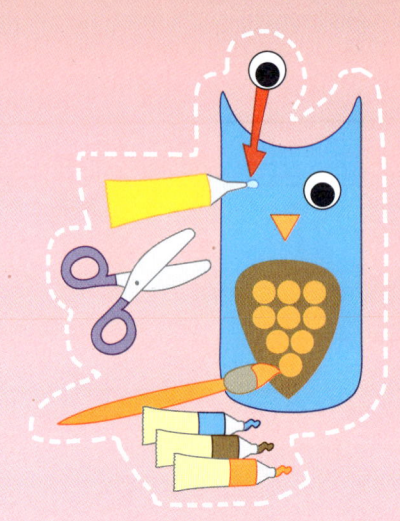

1 Die Klopapierrolle an einem Ende von beiden Seiten nach innen knicken.

2 Die Klopapierrolle mit Bastelfarbe bemalen und trocknen lassen. Dann kannst du der Eule mit Bastelfarbe einen Bauch aufmalen und zwei spitze Ohren. Für den Schnabel ein kleines Dreieck aus dem Tonpapier ausschneiden. Den Schnabel und die Wackelaugen aufkleben.

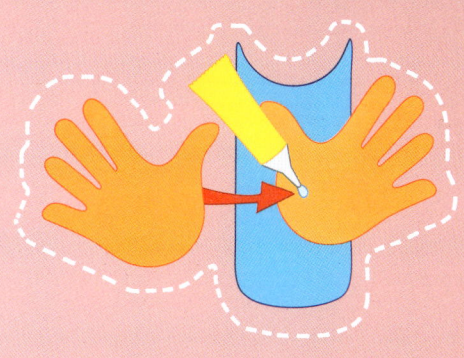

3 Lege deine Hände nacheinander auf das Tonpapier und umfahre sie mit dem Bleistift.
Die Hände mit der Schere ausschneiden.

4 Die Hände als Flügel an den hinteren Teil der Klopapierrolle kleben.

DU BRAUCHST

* Klopapierrolle
* Pinsel
* Bastelfarbe
* Tonpapier
* Schere
* Klebstoff
* Bleistift
* 2 Wackelaugen, ⌀ 1–1,2 cm

Eulen

MONSTERKARTEN

1 Falte den Tonkartonstreifen in der Mitte, sodass eine Doppelkarte entsteht.

2 Schneide nun an der oberen Klappe das vordere Ende in einem schönen Bogen ab. Das gibt den Mund deines Monsters.

3 Schneide weiße Zähne zu und klebe sie von innen an den Mund.

4 Stanze Kreise aus den Tonkartonresten aus und klebe sie als Augen oder Nase auf.

DU BRAUCHST

* Tonkarton in Grün oder Blau, 24 cm × 10 cm
* Schere
* Tonkarton in Weiß
* Tonkartonreste in verschiedenen Farben
* Klebstoff
* Kreisstanzer, ⌀ 1" und 1,5"
* Bürolocher

TIPP

Male mit einem weißen Gelstift kleine Lichtpunkte in die Augen und einen Strich auf die Nase, dann wirken die Gesichter lebendiger.

14

1 Lege den Fotokarton doppelt, setzte die Vorlage an der Faltkante an und zeichne die Form auf.

2 Schneide das Eis aus und klappe es an der gefalteten Kante auf.

3 Beklebe das Eis mit bunten Punkten, Streifen und Mustern, ganz wie es dir gefällt.

4 Bestreiche das Eis auf der Innenseite mit Klebstoff, lege das Holzstäbchen unten auf und klebe das Eis zusammen.

Eisfächer

DU BRAUCHST

* Fotokarton in Gelb, A4
* Schere
* Tonpapier in bunten Farben
* Klebepunkte in Bunt
* Klebstoff
* Holzstäbchen, ca. 15 cm × 2 cm
* Kreisstanzer, ⌀ 1"
* Bleistift

Vorlage: Eisform S. 76

1 Schneide mit der Schere ein Dreieck aus dem Pappteller aus und klebe das ausgeschnittene Teil hinten als Schwanzflosse an.

2 Wenn du magst, kannst du deinem Fisch mit ausgestanzten Transparentpapierkreisen ein Schuppenkleid aufkleben.
Für das Auge einen weißen Kreis und einen schwarzen Punkt aus Tonkarton ausstanzen und aufkleben.

Pappteller-fische

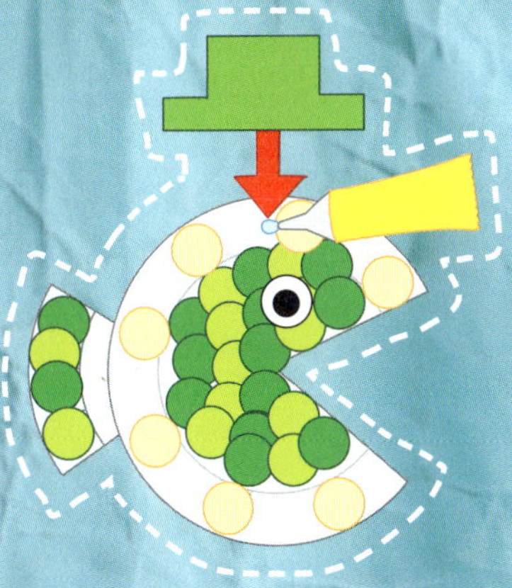

3 Mach deinen Fisch einzigartig und setz ihm einen Hut oder eine Schleife auf. Dazu einfach die Vorlage auf den Tonkarton übertragen, ausschneiden und aufkleben.

4 Wenn dein Fisch Zähne zeigen soll, schneidest du einen 1,5 cm breiten und 12 cm langen Tonkartonstreifen einfach in der Mitte wellenförmig oder im Zickzack auseinander. Klebe die Zähne von hinten an den Mund, sodass sie schön zu sehen sind.

DU BRAUCHST

* Pappteller in Weiß oder Pink
* Schere
* Klebstoff
* evtl. Transparentpapier in Gelb, Hellgrün und Grün, A4
* Tonkartonreste in Weiß und Schwarz sowie evtl. in Hellgrün, Rosa und Rotviolett
* Kreisstanzer, ⌀ 1"
* Bürolocher

Vorlage: Hut und Schleife S. 79

BECHER-PINGUINE

1 Male die Füße, den Schnabel, den Bauchfleck und die Flügel mithilfe der Vorlage auf den Tonkarton auf und schneide sie danach aus.

2 Knicke die Füße an den gestrichelten Linien und klebe sie unten in den Becher.

3 Klebe den weißen Bauchfleck, den Schnabel und die Wackelaugen auf.

4 Die Flügel nur oben am breiteren Ende mit Klebstoff bestreichen und an den Seiten aufkleben.

DU BRAUCHST

* Tonkartonreste in Anthrazit, Orange, Gelb und Weiß
* Schere
* Pappbecher in Schwarz, 266 ml
* 2 Wackelaugen, ⌀ 2 cm
* Klebstoff
* Bleistift

Vorlage: Füße, Schnabel, Bauchfleck und Flügel S. 77

TIPP

WENN DU magst, male dem PINGUIN NOCH NASENlöcher auf und biege seine Flügel etwas nach außen, dann sieht er niedlicher aus.

Fliegenpilze

1 Falte mit den beiden Papierstreifen eine Hexentreppe (siehe Seite 73) und klebe die Enden aufeinander.

2 Zeichne mithilfe der Vorlage den Pilzhut auf das rote Papier, male die weißen Punkte mit dem Gelstift auf und schneide den Pilzhut aus.

3 Gib etwas Klebstoff auf die gestrichelte Fläche (siehe Vorlage) und klebe die geraden Kanten aufeinander, sodass ein Hut entsteht.

4 Sobald der Klebstoff trocken ist, kannst du den Hut auf die Hexentreppe kleben. Gut andrücken und festhalten, bis der Klebstoff trocken ist.

DU BRAUCHST

* 2 Tonzeichenpapierstreifen in Weiß, 2 cm breit, 25 cm lang
* Klebstoff
* Bleistift
* Tonzeichenpapierrest in Rot
* Gelstift in Weiß
* Schere

Vorlage: Pilzhut S. 77

VOLL VON DER R/WOLLE

ALLES RUND UM WOLLE UND STOFF

SONNE

1 Zeichne mit der Schüssel als Schablone einen Kreis auf den Fotokarton und schneide ihn aus.

2 Stanze mit dem Bürolocher ringsum Löcher in den Rand.

3 Schneide vom Bändchengarn ein 15 cm langes Stück ab, lege es doppelt, fädle es durch eines der Löcher und ziehe dann die losen Enden durch die Schlaufe.

4 Knote so alle Sonnenstrahlen an. Dann kannst du das Gesicht der Sonne nach Belieben mit Wackelaugen, Buntstiften und Filzstiften gestalten.

DU BRAUCHST

* Schüssel, ⌀ ca. 13 cm
* Bleistift
* Fotokarton in Gelb, A5
* Schere
* Bürolocher
* Jersey-Bändchengarn in Gelb
* 2 Wackelaugen, ⌀ 1,5 cm
* Klebstoff
* Bunt- oder Filzstifte

TIPP
Schneide die Streifen für die Sonnenstrahlen einfach aus einem alten T-Shirt oder einem gelben Jerseystoffrest zu. Sie sollten 2 cm breit und 15 cm lang sein.

1 Schneide von jeder Wolle ein 1 m langes Stück ab, lege es doppelt und verdrehe es zu einer Kordel. Auf Seite 74 erfährst du, wie das geht.

2 Male mithilfe der Vorlage einen Kreis auf die Pappe und schneide ihn aus.

3 Bestreiche den Pappkreis mit Klebstoff und wickle die beiden Kordeln von innen nach außen auf der Pappe zu einer Schnecke auf.

4 Zum Schluss den Trinkhalm auf der Rückseite des Lollis aufkleben.

DU BRAUCHST

* Wollreste in Weiß und Koralle oder Gelb
* Schere
* Bleistift
* feste Pappe
* Klebstoff
* halber Papp-Trinkhalm

Vorlage: Kreis, ø 5 cm S. 77

Kordel-Lollis

1 Nimm die Gabel vorn in die Hand und lege ein 15 cm langes Stück Chenilledraht an einer Seite an. Wickle die Wolle um die Gabel und den Chenilledraht, bis ein kleines Knäuel entstanden ist. Den restlichen Wollfaden abschneiden.

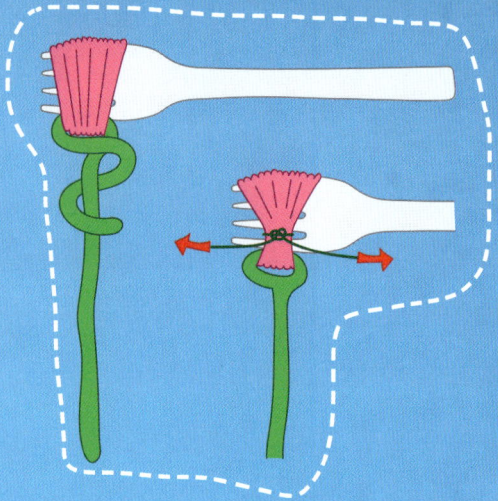

2 Den Chenilledraht fest um die Wolle verdrehen.
Ein Stück Wolle durch die erste Öffnung der Gabel fädeln und fest um das Knäuel verknoten.

3 Das Knäuel von der Gabel ziehen und die Schlaufen am oberen Ende aufschneiden.

4 Die grüne Wolle am Stielansatz anknoten und fest um das untere Ende der Blüte wickeln. Das Ende festknoten und abschneiden.

GABEL-POMPON BLUME

DU BRAUCHST

* Gabel
* Chenilledraht in Hellgrün, Hellblau und Gelb
* Wolle in Gelb, Rosa, Weiß und Grün
* Schere

1 Zeichne mit der Schüssel als Schablone zwei Kreise mit dem Kugelschreiber auf den Filz und schneide sie aus.

2 Lege die Filzkreise aufeinander und nähe sie am Rand entlang mit Vorstich (Seite 74) zusammen. Dabei lässt du am Ende eine kleine Öffnung zum Befüllen.

3 Stopfe etwas Füllwatte oder Schafwolle in die Öffnung, dann nähst du die Runde zu Ende. Den Faden verknoten und abschneiden.

4 Gestalte dein Monsterchen, wie es dir gefällt. Klebe Pompons und Wackelaugen auf, stecke Chenilledrahtstücke zwischen die Filzkreise oder schneide aus Filz Details aus und klebe sie auf.

Filz-Monsterchen

DU BRAUCHST
PRO MONSTER

* kleine Schüssel, ø ca. 11 cm
* Kugelschreiber
* Bastelfilz in Hellrot oder Lila, A4
* Schere
* Sticknadel

* Stickgarn in Koralle oder Petrol
* Füllwatte oder Schafwolle
* Filzrest in Weiß
* Klebstoff
* Pompons in 2× Rot oder 3× Lila, ø 2 cm
* 2 Wackelaugen, ø 1–1,5 cm
* Duo-Chenilledraht in Pink-Orange oder Lila-Blau

Socken-hase

TIPP

Klebe deinem Hasen ein Herz aus Bastelfilz auf den Bauch, damit die eingestrickte Schuhgröße verdeckt wird.

DU BRAUCHST

* Kinderbaumwollsocke
* Füllwatte
* Baumwollgarn in passender Farbe
* Schere
* Satinband in passender Farbe, 30 cm lang

1 Die Socke bis zur Ferse mit der Füllwatte ausstopfen.

2 Die Socke über der Ferse mit einem Stück Baumwollgarn fest abbinden und verknoten. Die Fadenenden abschneiden.

3 Für den Kopf das Satinband unter der Ferse um die Socke knoten und zur Schleife binden.

4 Für die Ohren die Socke vom Bündchen bis zum Kopf in zwei Hälften schneiden und jede Hälfte spitz zuschneiden.

1 Male mit dem Stoffmalstift auf dem schwarzen Baumwollstoff die weißen Strichlinien am Rand der Flagge entlang auf.

2 Bestreiche die oberen 20 cm des Stocks rundum mit Klebstoff, lege den Stock an einer Seite der Flagge auf und klebe den Stoff darum, indem du ihn um den Stab wickelst.

3 Übertrage die Vorlagen für den Totenkopf mit dem Kugelschreiber auf den Bastelfilz und schneide die fünf Teile aus.

4 Klebe die fünf Teile auf den schwarzen Stoff und lass den Klebstoff gut trocknen.

PiRATEN-flagge

DU BRAUCHST

* Stoffmalstift für dunkle Stoffe in Weiß
* Baumwollstoff in Schwarz, 35 cm × 22 cm
* Stock, ø ca. 1 cm, 50 cm lang
* Klebstoff, z. B. Textilkleber
* Kugelschreiber
* Bastelfilz in Weiß, A4
* Schere

Vorlage: Totenkopf S. 78

DU BRAUCHST

* Styroporkugel, ø 4–5 cm
* Schafwolle in verschiedenen Farben
* Seifenlauge (1 EL Schmierseife in 1 Liter handwarmes Wasser einrühren)
* Wasser

Filzbälle

1 Packe die Styroporkugel nicht zu dick und nicht zu dünn in die Schafwolle ein und roll sie etwas zwischen deinen Händen. Es darf kein Styropor mehr zu sehen sein.

2 Nimm kleine bunte Strähnen Schafwolle und lege sie rundum auf die Kugel, damit sie schön bunt wird.

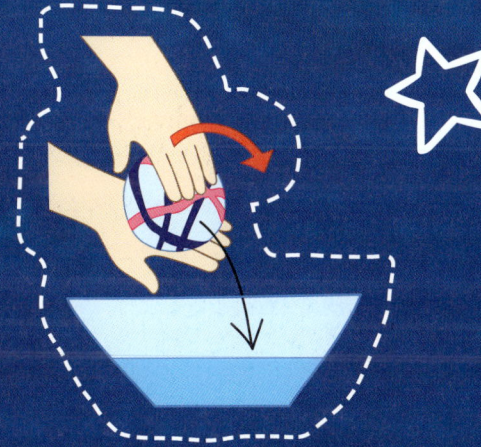

3 Gib vorsichtig mit den Fingern die Seifenlauge auf die Wolle. Rolle die Kugel zwischen deinen Händen, erst ganz vorsichtig, als hättest du ein kleines Küken in deinen Händen, dann immer fester und am Schluss mit ganzer Kraft.

4 Wenn du merkst, dass die Schafwolle fest um die Kugel liegt, kannst du mit deinen Handflächen über die Kugel reiben, bis alles wirklich ganz fest ist. Jetzt kannst du aufhören und die Seifenlauge mit klarem Wasser auswaschen.

WICKELTANNEN

DU BRAUCHST

* Pappe in hellbraun, A5
* Zackenrandschere
* Wolle in verschiedenen Grüntönen
* Klebefilm
* Knöpfe in verschiedenen Rot- und Pinktönen, ⌀ 1–2 cm
* Klebstoff

Vorlage: Tanne S. 79

32

1 Die Vorlage für den Tannenbaum auf die Pappe übertragen.

2 Den Tannenbaum mit der Zackenrandschere ausschneiden.

3 Den Tannenbaum mit der grünen Wolle umwickeln. Fadenanfang und Ende auf der Rückseite mit Klebefilm festkleben.

4 Die Knöpfe als Weihnachtskugeln mit Klebstoff aufkleben.

TIPP

Für die Aufhängung einfach ein Stück Wolle doppelt legen und hinten an der Baumspitze festkleben.
Aus buntem Papier kleine Kugeln knüllen und als Weihnachtskugeln aufkleben – sieht auch sehr schön aus!

DU BRAUCHST

* Keilrahmen, 20 cm × 20 cm
* Bleistift
* breiter Pinsel
* Holzleim
* dicke, flauschige Wolle in Rot
* Wollreste in Grün und Braun
* Schere

Vorlage: Apfel S. 79

1 Den Apfel mit Bleistift auf den Keilrahmen zeichnen. Dabei hilft dir die Vorlage.

2 Den Holzleim satt mit dem Pinsel auf dem Apfel verteilen.

3 Die Wolle in Stücke schneiden und nach und nach den Apfel, den Stiel, das Blatt und den Blütenansatz unten damit auslegen.

4 Die Wolle in den Leim drücken und das Bild gut trocknen lassen.

Wollbild-Apfel

Pompon-Vogel

DU BRAUCHST

* Pappe, 6 cm × 14 cm
* Schere
* Wolle in Dunkelgrau oder Gelb-Weiß meliert
* Faden, ca. 10 cm lang
* Fotokartonrest in Gelb oder Orange
* 2 Wackelaugen, ⌀ 1,5 cm
* Klebstoff

34

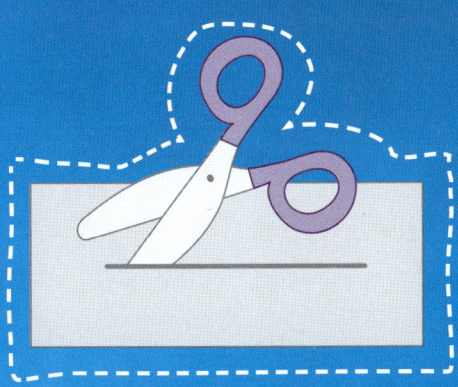

1 Schneide in der Mitte der Pappe einen Schlitz.

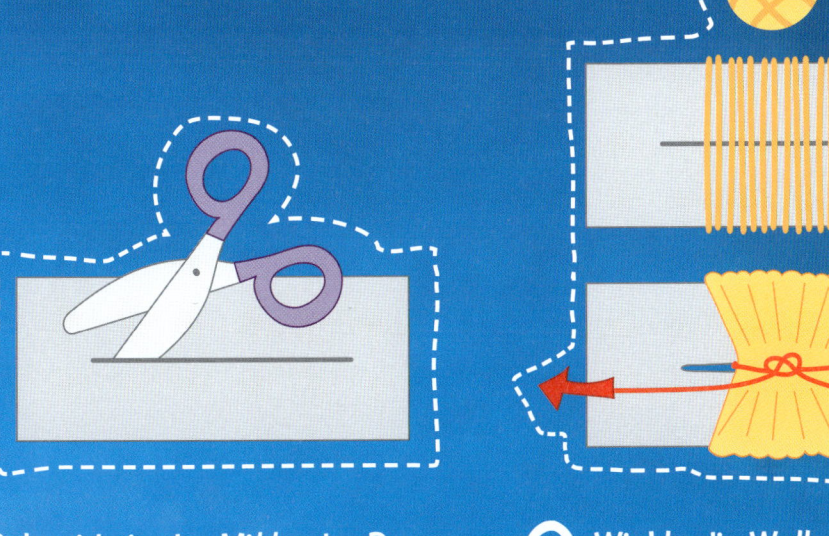

2 Wickle die Wolle um die Pappe, bis ein richtig dickes Knäuel entstanden ist. Die Wolle abschneiden und alle Wollfäden dicht zusammenschieben. Einen Faden durch den Schlitz um das Knäuel herumlegen und fest verknoten.

3 Die Pappe wegreißen und aus dem Knäuel ziehen, dann unten und oben die Wollschlaufen aufschneiden.

4 Den Pompon mit der Schere noch etwas in Form schneiden. Den Fotokarton falten und einen kleinen Schnabel ausschneiden. Zusammen mit den Wackelaugen aufkleben.

WER'S FINDET, DARF'S BEHALTEN FUNDSACHEN VERBASTELN

1 Male das Holzbesteck mit den Filzstiften auf der Vorderseite bunt an.

2 Klebe zwei Wackelaugen auf und male mit dem schwarzen Buntstift den Mund auf.

Besteck-Schmetterlinge

3 Biege lustige Fühler aus dem Chenilledraht und klebe sie hinter den Kopf.

4 Drücke vier Papier-Muffinförmchen platt, klebe sie als Flügel auf die Rückseite des Holzbestecks und verziere sie mit den Klebepunkten.

DU BRAUCHST

* Löffel oder Gabel aus Holz, ca. 16 cm lang
* Filzstifte
* 2 Wackelaugen, ø 0,8–1,5 cm
* Klebstoff
* Buntstift in Schwarz
* Chenilledraht in Gelb, ca. 10 cm lang
* 4 Papier-Muffinförmchen, ø 4,5 cm
* Klebepunkte

KLOROLLEN-FERNGLAS

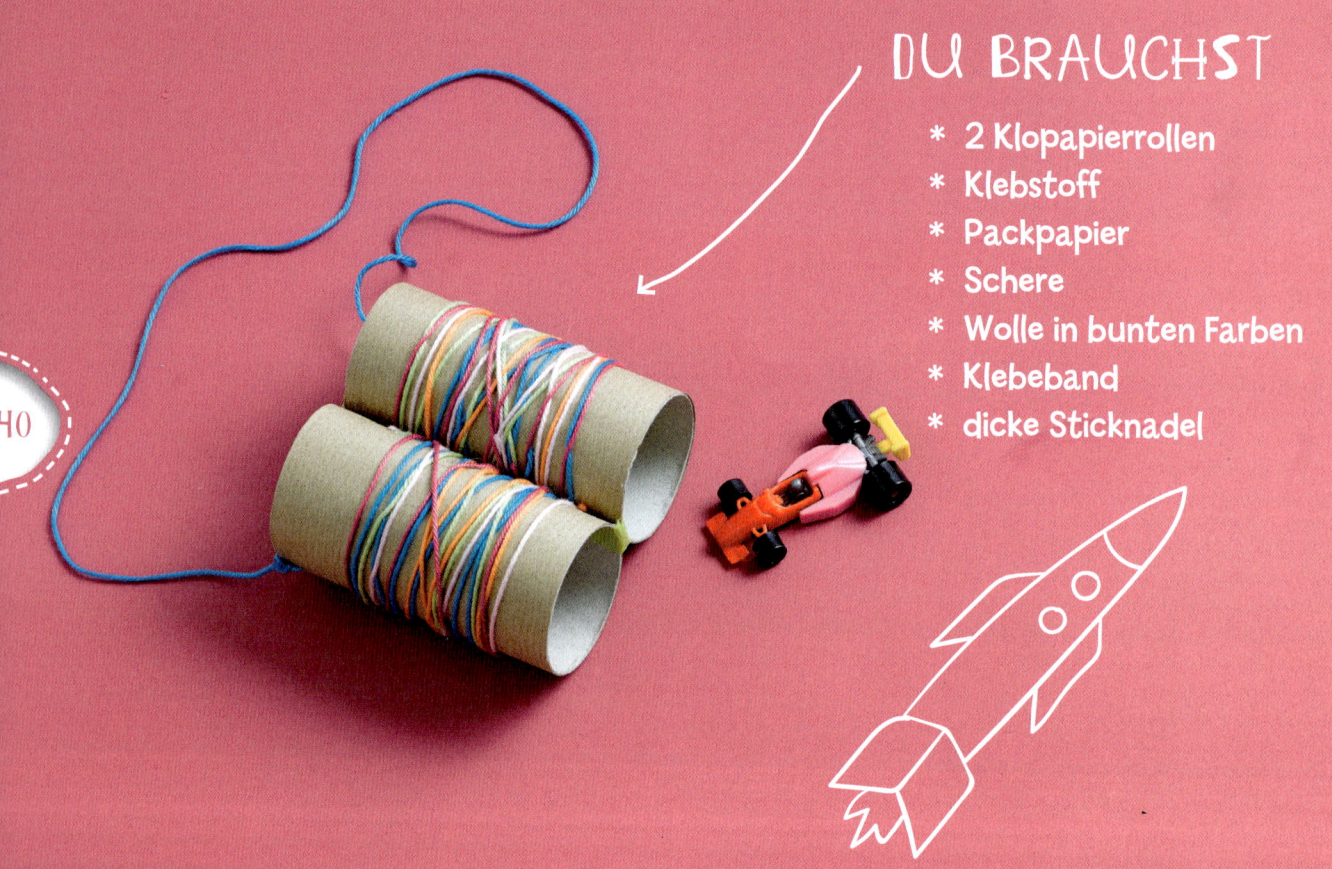

DU BRAUCHST

* 2 Klopapierrollen
* Klebstoff
* Packpapier
* Schere
* Wolle in bunten Farben
* Klebeband
* dicke Sticknadel

1 Beklebe die beiden Klopapierrollen mit dem Packpapier und schneide die überstehenden Reste ab.

2 Gib jeweils etwas Klebstoff auf die Papprollen und wickle bunte Wolle darum.

3 Lege die Papprollen nebeneinander und verbinde sie an den Öffnungen mit dem Klebeband.

4 Stich mit der Sticknadel rechts und links ein Loch in den Rand und knote ein Stück Wolle für das Band zum Umhängen fest.

* Stock, 25 cm lang
* Klebstoff
* Wolle in bunten Farben
* Chenilledraht, 3× 10–12 cm lang
* 3 Glitzersteine „Sterne", ca. ⌀ 2 cm
* Schere ✂

TIPP
Statt Glitzersteine passen auch kleine Pompons oder Filzsterne an die Chenilledraht-Enden.

1 Trage stückweise Klebstoff rings um den Stock auf und wickle dann die Wolle um den Stock.

2 Klebe die Chenilledrahtstücke an der Spitze des Stocks fest.

3 Umwickle dann die Spitze des Stocks fest mit etwas Wolle, damit der Chenilledraht gut hält.

4 Die Chenilledraht-Enden etwas einrollen und die Glitzersteine aufkleben.

ZAUBERSTAB

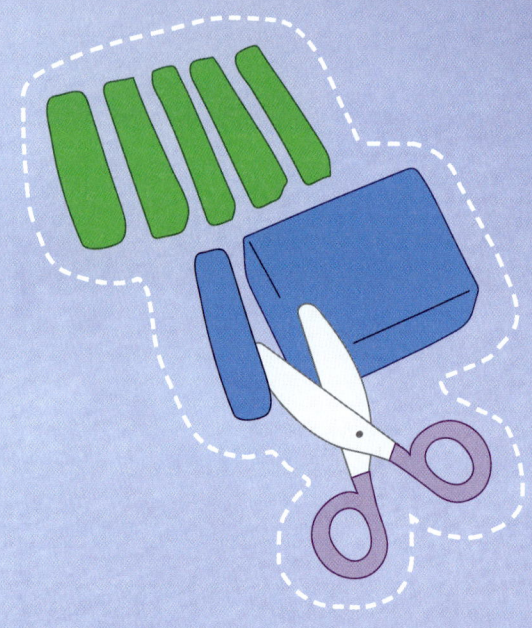

1 Schneide die raue Seite der Schwämme vorsichtig mit dem Messer ab.

2 Zerschneide die Schwämme jeweils in vier bis fünf Streifen.

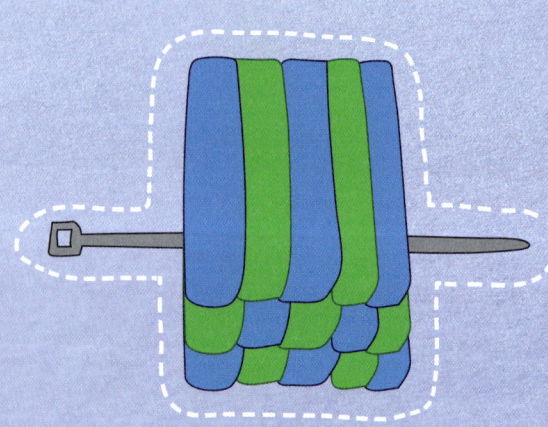

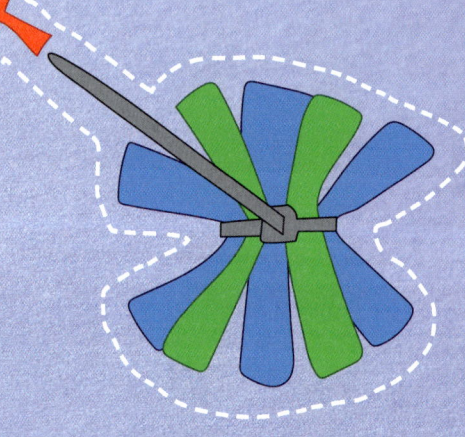

3 Staple die Streifen auf dem Kabelbinder ordentlich übereinander.

4 Fädle das spitze Ende des Kabelbinders durch die Öse, ziehe den Kabelbinder ganz fest und schneide das Ende ab. Ab ins Wasser und los geht die Wasserschlacht!

Dauer-Wasserbomben

DU BRAUCHST

* 3 Putzschwämme, ca. 8 cm × 5 cm × 3 cm
* altes Essmesser
* Schere
* Kabelbinder

TIPP:
Natürlich kannst du die raue Seite der Schwämme auch dranlassen. Deine Wasserbombe funktioniert dann genauso, sieht aber vielleicht nicht ganz so hübsch aus.

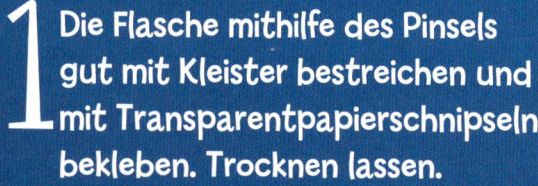

1 Die Flasche mithilfe des Pinsels gut mit Kleister bestreichen und mit Transparentpapierschnipseln bekleben. Trocknen lassen.

2 Den Flaschendeckel mit etwas Klebstoff bestreichen, in das rote Papier einschlagen und unten an die Rakete kleben.

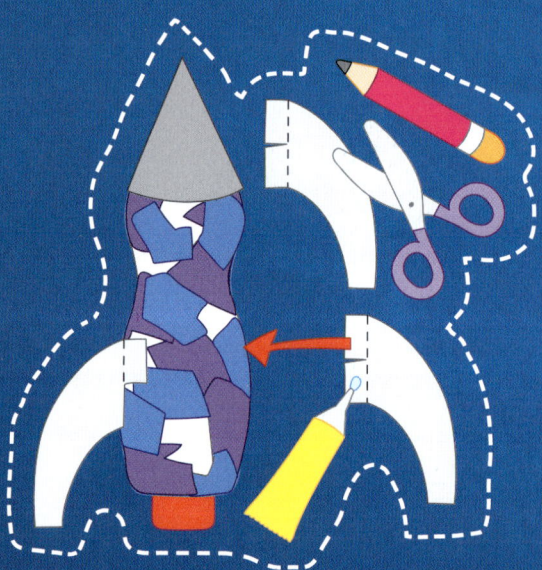

3 Am Pappbecher einen 2 cm breiten Streifen am Rand abschneiden, damit er etwas kleiner wird. Den Becher mit etwas Klebstoff bestreichen, in die Alufolie einschlagen und oben auf die Rakete kleben.

4 Drei Standfüße mithilfe der Vorlage auf dem Tonkarton anzeichnen und ausschneiden. Die Standfüße an den gestrichelten Linien einmal nach rechts und einmal links knicken und an die Rakete kleben.

Flaschenrakete

DU BRAUCHST

* PET-Flasche, 0,5 Liter, gewaschen und ohne Etikett
* Pinsel
* Kleister
* Transparentpapier in Blau, Lila und Weiß, A4
* Klebstoff
* Papierrest in Rot
* Pappbecher in Trichterform, ø 7 cm
* Schere
* Alufolie
* Tonkarton in Silber, A4
* Bleistift

Vorlage: Füße S. 78

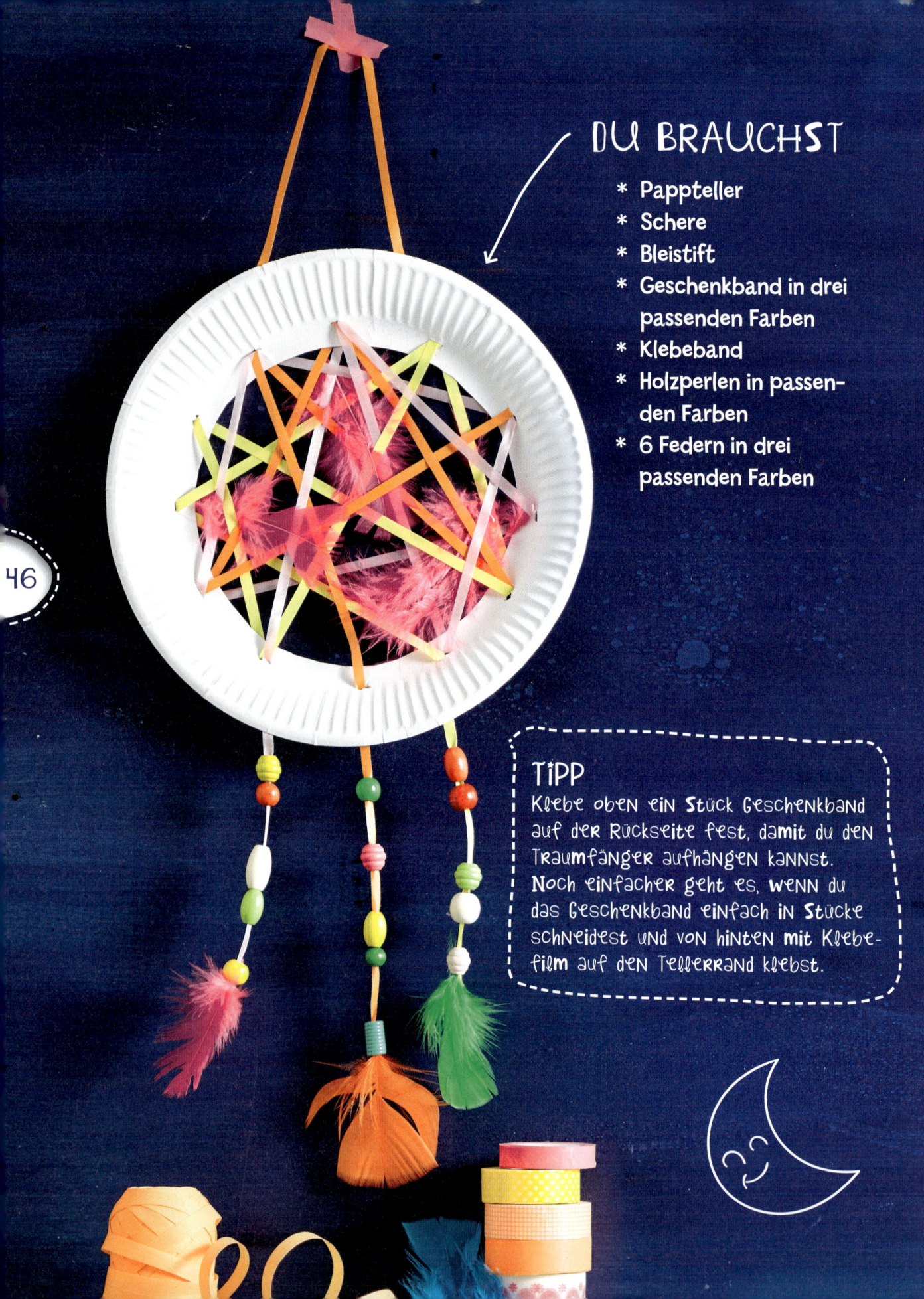

DU BRAUCHST

* Pappteller
* Schere
* Bleistift
* Geschenkband in drei passenden Farben
* Klebeband
* Holzperlen in passenden Farben
* 6 Federn in drei passenden Farben

TIPP

Klebe oben ein Stück Geschenkband auf der Rückseite fest, damit du den Traumfänger aufhängen kannst. Noch einfacher geht es, wenn du das Geschenkband einfach in Stücke schneidest und von hinten mit Klebefilm auf den Tellerrand klebst.

Traumfänger

1 Den Boden des Tellers mit der Schere herausschneiden. Am Tellerrand wie bei einer Uhr zwölf Punkte anzeichnen und mit der Spitze der Schere einstechen.

2 Das erste Geschenkband mit Klebeband auf der Rückseite festkleben und durch die Löcher weben. Das Ende nach unten hängen lassen.

3 Die anderen beiden Geschenkbänder ebenso durch die Löcher weben und die Enden neben dem ersten nach unten hängen lassen.

4 Fädle Holzperlen auf die nach unten hängenden Bänder und verteile sie schön. Die unterste Perle jeweils mit einem Knoten sichern. Stecke eine Feder in jede letzte Perle und schmücke deinen Traumfänger mit den restlichen Federn.

Steinkakteen

DU BRAUCHST

* 5 flache, runde oder längliche Kieselsteine, ca. 4–8 cm hoch
* Pinsel
* Acrylfarbe in Grüntönen, Gelb, Orange und Ocker
* Blumenübertopf, ⌀ 9 cm
* Sand

TIPP
Damit die Steine schön glänzen, können sie nach dem Bemalen mit Klarlack überzogen werden.

1 Bemale die Kieselsteine von allen Seiten mit grüner Farbe und lass sie trocknen.

2 Male mit dem Pinsel Striche, Kreuze oder Punkte für die Stacheln auf und lass die Farbe trocknen.

3 Fülle den Sand in den Blumenübertopf.

4 Setze die bemalten Steine in den Topf, sodass eine schöne Kaktuslandschaft entsteht.

1 Suche dir drei bis fünf Farben aus, mit denen du deinen Tannenzapfen bemalen willst, und gib jeweils ein bisschen Farbe auf den Pappteller.

DU BRAUCHST

* Tannenzapfen
* Pappteller
* Acryl- oder Bastelfarbe
* Pinsel

49

2 Halte den Zapfen oben und unten zwischen Zeigefinger und Daumen, damit du ihn gut bemalen kannst.

3 Nimm die erste Farbe mit dem Pinsel auf und bemale einzelne Schuppen deines Tannenzapfens damit.

4 Nimm dann die nächsten Farben und bemale wieder einzelne Schuppen, bis du ein schönes, buntes Tannenbäumchen hast.

TANNEN-ZAPFEN

TiPP
Die Farbe kann auch mit den Fingern aufgemalt werden.

1 Bohre mit dem Schaschlikstäbchen für die Flügel rechts und links jeweils vier Löcher nebeneinander in die Kastanie.

2 Dann bohrst du für die Fühler noch zwei Löcher am Kopf in die Kastanie.

3 Schneide zwei ca. 5 cm lange Chenilledrahtstücke ab und stecke sie in die Löcher für die Fühler. Biege die Spitze etwas um.

4 Schneide vier ca. 10 cm lange Chenilledrahtstücke ab und stecke sie als Flügel in die seitlichen Löcher.

Kastanien-tiere

DU BRAUCHST

* frische Kastanie
* Schaschlikstäbchen
* Chenilledraht in drei Farben
* Schere

BLÄTTERKARTEN

1 Knicke am Ahornblatt die mittlere Spitze vorsichtig nach hinten und klebe es auf das Tonzeichenpapier.

2 Auf das zweite Tonzeichenpapier klebst du zwei Lindenblätter.

3 Die Wackelaugen aufkleben.

4 Die Nasen, die Barthaare und Ohren der Katze und der Mäuse mit dem Filzstift aufmalen.

DU BRAUCHST

* gepresste Blätter von Ahorn und Linde
* Klebstoff
* Tonzeichenpapier in Lila und Hellblau, 10 cm × 14 cm
* 6 Wackelaugen, ⌀ 4–8 mm
* Filzstift in Schwarz

MALEN,
KLECKSEN,
PINSELN!

DU BRAUCHST

* Pinsel
* flüssige Wasserfarben oder verdünnte Bastelfarbe
* Zeichenkarton in Weiß, 10 cm × 10 cm
* Trinkhalm
* Wackelaugen, ⌀ 1 cm
* Klebstoff
* feiner Filzstift in Schwarz

54

Farbklekse-Monster

1 Mit dem Pinsel einen Klecks Wasserfarbe auf die Mitte des Zeichenkartons geben.

2 Mit dem Trinkhalm auf die Farbe pusten, sodass sie in alle Richtungen verläuft.

3 Die Farbe gut trocknen lassen, dann erst die Wackelaugen aufkleben.

4 Wenn du magst, kannst du mit einem feinen, schwarzen Filzstift noch einen Mund aufmalen.

1 Biege und falte die Klopapierrolle, sodass sie die Form eines Herzens bekommt.

DU BRAUCHST

* Klopapierrolle
* Pappteller
* Acryl- oder Bastelfarbe in Rot-Tönen
* Doppelkarte in Braun, B6

2 Gib die Farben nebeneinander auf den Pappteller.

3 Tauche das Herz satt in die Farbe und stemple Herzen auf die Karte. Die Farbe trocknen lassen.

TIPP
Wische vor jedem Farbwechsel die Farbe vom Pappherz mit einem alten Tuch ab, damit sich die Farben nicht untereinander vermischen.

55

Klorollen-Druck-Herz

1 Zeichne mithilfe der Vorlage das Ei auf den Tonkarton und schneide es dann entlang der Linie aus.

2 Gib die Farben nebeneinander auf den Pappteller.

3 Klemme für jede Farbe einen Wattebausch in eine Wäscheklammer.

4 Tauche den Wattebausch in die Farbe und tupfe ein Punktemuster auf das Ei.

Watte-Stempel-Eier

DU BRAUCHST

* Bleistift
* Tonkarton in Gelb oder Lila, A4
* Schere
* Pappteller
* Bastelfarbe
* Wäscheklammern
* Wattebäusche

Vorlage: Ei S. 76

FuBabdruck- Schmetterling

1 Verteile die Bastelfarbe auf dem Pappteller. Drück deinen rechten Fuß hinein und mache auf der linken Hälfte des Blattes einen Abdruck. Dann mit dem linken Fuß rechts daneben einen Abdruck machen und die Farbe trocknen lassen.

2 Zeichne mithilfe der Vorlage den Schmetterlingskörper auf das Tonpapier, schneide ihn aus und klebe ihn zwischen den Fußabdrücken auf.

3 Male mit dem schwarzen Filzstift die Fühler auf.

4 Klebe das Papier am oberen und unteren Rand um einen Rundholzstab und klebe rechts und links an den Stab einen Pompon an.

DU BRAUCHST

* Pappteller
* Bastelfarben
* Schreibpapier in Pastellgrün, A4
* Schere
* Bleistift
* Tonpapierrest in Schwarz

* Filzstift in Schwarz
* Klebstoff
* 2 Rundholzstäbe, 24 cm lang
* 4 Pompons in Grün, ca. ⌀ 2 cm

Vorlage: Schmetterlingskörper S. 79

DU BRAUCHST

* 6 runde Gläser mit unterschiedlichem Durchmesser
* flüssige Wasserfarben in Blau, Grün, Gelb, Orange, Rot und Violett
* Wasser
* Spülmittel
* Trinkhalm
* Aquarellpapier, A5

* Servierteller aus Pappe, ca. 16,5 cm × 23 cm
* Bastelfarbe in Türkis
* breiter Flachpinsel
* Schere
* Klebstoff

TIPP

Achtung: Das Wasser bitte nicht trinken! Es schmeckt nicht lecker und das Spülmittel tut dir nicht gut.

Bildergalerie

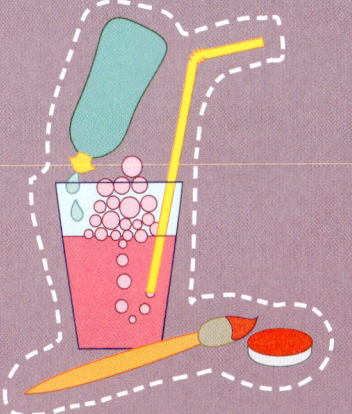

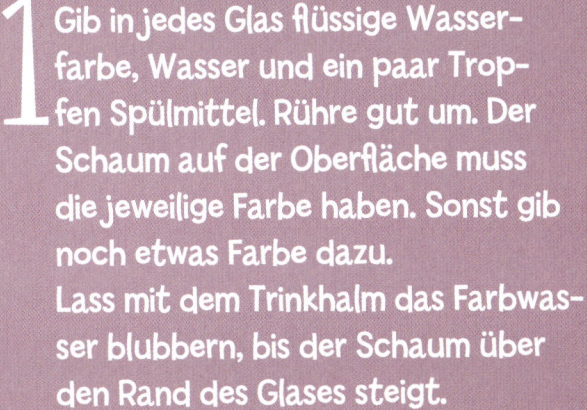

59

1 Gib in jedes Glas flüssige Wasserfarbe, Wasser und ein paar Tropfen Spülmittel. Rühre gut um. Der Schaum auf der Oberfläche muss die jeweilige Farbe haben. Sonst gib noch etwas Farbe dazu.
Lass mit dem Trinkhalm das Farbwasser blubbern, bis der Schaum über den Rand des Glases steigt.

2 Lege das Papier auf den Schaum, damit runde Blubberabdrücke entstehen. Trocknen lassen.

3 Du kannst auch einfach etwas Farbwasser auf dein Blatt geben und mit dem Trinkhalm verpusten. Wenn du mehrere Farben nacheinander nimmst, entstehen ebenfalls schöne Kunstwerke.

4 Bemale den Rand des Serviertellers mit Bastelfarbe und lass den Teller trocknen.
Schneide dein Bild auf die Größe der inneren Fläche des Serviertellers und klebe das Bild auf den Teller.

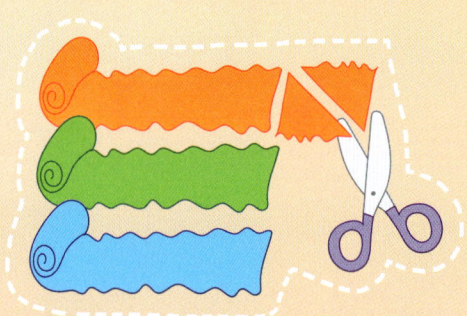

60

1 Das Krepppapier in kleine Stücke schneiden, z. B. in kleine Dreiecke oder Streifen.

2 Das Aquarellpapier mit dem Schwamm befeuchten, sodass es sich ganz mit Wasser vollsaugt und richtig nass ist. Die Krepppapier-Stücke auflegen und danach mit dem feuchten Schwamm vorsichtig noch einmal andrücken.

TIPP

Achte darauf, dass deine Finger trocken sind, wenn du das Krepppapier anfasst. Dann färbt es deine Finger nicht ein und bleibt auch nicht an deinen Fingern kleben.

Transfer-Anhänger

3 Lass dein Bild gut trocknen. Dann kannst du die trockenen Kreppapier-Stücke abnehmen. Mithilfe der Vorlage ein Herz oder einen Stern auf das bunte Papier zeichnen und ausschneiden.

4 Das Herz oder den Stern auf den Tonkarton kleben und mit einem schmalen Rand ausschneiden.

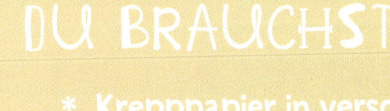

DU BRAUCHST

* Krepppapier in verschiedenen Farben
* Schere
* Aquarellpapier, A4
* Schüssel mit Wasser
* Schwamm
* Bleistift
* Tonkarton in passender Farbe, A4
* Klebstoff

Vorlage: Herz/Stern S. 76

Apfeltasche

1 Die Plastikfolie in die Tasche schieben, damit die Farbe nicht auf die Rückseite der Tasche durchsickern kann.
Den Apfel für den Stempel mit dem Messer in zwei Hälften schneiden.

2 Mach dir zwei Stempelkissen. Lege dazu die Schwammtücher auf die Teller und gib einmal die rote Farbe und einmal die grüne Farbe darauf. Drücke den Apfel auf das rote Stempelkissen, bis die Schnittfläche ganz rot ist.

3 Stemple den Apfel in gleichmäßigen Abständen auf die Tasche und drücke ihn dazwischen immer wieder auf das Stempelkissen. Lass dabei einzelne Stellen frei und ergänze dort nachher grüne Apfelabdrucke.

4 Wenn die Farbe getrocknet ist, malst du mit dem Stoffmalstift die Apfelzweige auf.

62

5 Entferne die Plastikfolie und bügle deine
Tasche mit dem hei-
ßen Bügeleisen, da-
mit die Stoffmalfarbe
haltbar wird und in
der Waschmaschine
gewaschen werden
kann. Lass dir dabei
von einem Erwachse-
nen helfen.

DU BRAUCHST

* Plastikfolie
* Jutetasche in Weiß,
  vorgewaschen
* Apfel
* Messer
* 2 Schwammtücher
* 2 Teller
* Stoffmalfarbe in Rot und Grün
* feiner Stoffmalstift in Schwarz
* Bügeleisen

BÜRSTEN-DRUCK

64

DU BRAUCHST

* Acrylfarbe in Weiß, Hellgrün und Grün
* flache Schale
* runde, flache Spülbürste
* Tonpapier in Schwarz, A4
* feiner Pinsel
* Borstenpinsel

1 Die weiße Acrylfarbe in die Schale geben. Die Spülbürste mit den Borsten in die Farbe tauchen.

2 Die Bürste mit den Borsten auf das Tonpapier drücken, sodass Pusteblumen entstehen. Gut trocknen lassen.

3 Mit dem feinen Pinsel die grünen Stängel aufmalen.

4 Zum Schluss mit dem Borstenpinsel die grüne Wiese aufmalen.

DU BRAUCHST

* Tonkartonrest in Weiß
* Bleistift
* Schere
* Tonkarton in Schwarz, A4
* Klebstoff
* deckende Finger-, Bastel- oder Acryl-farbe in allen Regenbogenfarben
* Pappteller
* feuchtes Tuch

Vorlage: Wolke S. 77

TIPP
Vergiss nicht, bei jedem Farb-wechsel den Finger mit dem feuchten Tuch sauber zu machen!

65

1 Die Wolke mithilfe der Vorlage auf den weißen Tonkarton zeichnen und ausschneiden.

2 Die Wolke oben auf den schwarzen Tonkarton kleben.

3 Die Farben auf einen Pappteller geben, einen Finger eintauchen und auf den schwarzen Kar-ton drücken. Dein erster Regentropfen ist aufge-druckt!

4 Drucke mit deinem Fin-ger viele weitere Regen-tropfen in allen Regen-bogenfarben auf.

REGENWOLKE mit FINGERPRINT

Aquarium mit Handabdruck-Fisch

DU BRAUCHST

* 3 Pappteller
* Schere
* Bastelfarbe in Hellblau, Orange und Gelb
* breiter Flachpinsel
* Wackelauge, ⌀ 1,2 cm
* Klebstoff
* Gelstift in Weiß
* Sand
* kleine Steine oder Muscheln
* Bandreste in Hellgrün

1 Schneide aus einem Teller den Boden raus, sodass ein runder Rahmen entsteht.
Male den Rahmen und den zweiten Teller mit blauer Farbe an. Trocknen lassen.

2 Gib die gelbe und orange Farbe auf einen leeren Pappteller. Drücke deine Hand in die Farbe und anschließend auf den blau bemalten Pappteller. Trocknen lassen.

3 Gestalte den Teller als Aquarium. Klebe dazu Sand, kleine Steine oder Muscheln und Wasserpflanzen aus grünen Bändern auf. Klebe das Wackelauge auf den Fisch und male mit dem weißen Gelstift einen Mund und Blubberblasen auf.

4 Klebe oben ein Stück Wolle oder Band als Aufhängung an und klebe dann den Rahmen auf den Teller.

Basteln mit Kindern

Basteln tut gut. Es fördert die Kreativität, die Fingerfertigkeit, die Ausdauer und die Konzentrationsfähigkeit, die Hand-Augen-Koordination und das räumliche Vorstellungsvermögen. Und das alles ganz nebenbei, während gemalt, geschnitten, geklebt, geknotet oder mit Faden hantiert wird. Bei all diesen Tätigkeiten erforschen Kinder ihre Fähigkeiten und lernen dazu. Das Schönste ist aber, wenn ein Kind sein Werk präsentiert und stolz sagt: „Das hab ich gemacht!" In diesem Moment wird sichtbar, dass Basteln nicht nur vielfältig fördert, sondern vor allem auch glücklich macht.

Basteln macht Spaß. Darauf kommt es mir ganz besonders an. Wenn ich zusammen mit meinen Kindern bastle, halte ich mir diesen Satz immer wieder vor Augen. Denn allzu schnell verfalle ich in meinen erwachsenen Perfektionsdrang und meine, dass alles so gemacht werden muss, wie ich es mir vorstelle. Denkste. Kinder haben ihre eigenen Ideen. Und sie entwickeln mit ihrem natürlichen Forschergeist durch Versuch und Irrtum eigene Lösungswege. Und das ist auch gut so. Nur für mich ist das oft ein Problem. Manchmal fehlt mir einfach die Geduld, mit meinen Kindern auf

„Das habe ich gemacht!"

Basteln mit Kindern – ein paar Leitsätze

* Basteln macht Spaß
* den Forscherdrang der Kinder unterstützen
* die eigene Erwartungshaltung hinterfragen
* Raum für Kreativität und eigene Ideen geben
* geeignete Bastelarbeiten auswählen
* nicht überfordern
* zum Selbermachen ermutigen
* Anregungen und Hilfestellungen geben
* Misserfolge locker nehmen: Der Weg ist das Ziel!

Forschungsexpedition zu gehen, während ich doch längst weiß, wie es richtig gemacht wird, wie wir ohne Umwege das Ziel erreichen. Aber beim Basteln mit Kindern geht es nicht um mich. Das Ergebnis muss nicht in meinen Augen spektakulär sein, sondern in denen der Kinder.

Erwartungsdruck hemmt Kinder und schränkt ihren Entfaltungsspielraum ein. Jedes Kind hat unterschiedliche Fähigkeiten - abhängig von seinem Alter und seiner individuellen Veranlagung. Das ist nicht weiter schlimm, denn durch das spielerische Lernen beim Basteln werden die Fähigkeiten ja weiter gefördert und verfeinert. Allerdings berücksichtige ich dies bei der Wahl der Bastelarbeit. Ein Kind, das überfordert wird, verliert schnell den Spaß am Basteln. Darum versuche ich, das Ziel so zu setzen, dass es auch erreicht werden kann. Und ich passe meine Erwartungen an, je nachdem ob ich gerade mit meinem fünfjährigen oder meinem zweijährigen Sohn bastle.

Ich ermutige meine Kinder alles alleine zu machen, wozu sie schon in der Lage sind. Und natürlich unterstütze ich sie, wo noch Hilfe notwendig ist. Oft bastle ich auch mit, wobei ich ein Vorbild sein möchte und kein erwachsener Schlaumeier, der alles besser weiß und besser kann. Damit habe ich bereits meine Erfahrungen gemacht (siehe Kasten). Oft bin ich einfach nur da, um Anregungen zu geben - und um zu staunen, auf welche Ideen und Lösungen meine Kinder kommen.

Oder eben auch nicht: Manchmal regiert der Frust am Basteltisch! Doch auch das ist nicht weiter schlimm. Misserfolge gehören dazu.

Wichtig ist nur, dass man sich davon nicht entmutigen lässt. Vielleicht hilft ja eine Auszeit? Basteln ist durchaus anstrengend. Wenn ein Kind keine Lust mehr hat, lege ich eine Bastelpause ein. Das machen wir beim Wandern ja auch. Und wie wäre es mit einer kleinen Stärkung zwischendurch? Wenn genug für heute gebastelt ist, machen wir einfach an einem anderen Tag weiter. Und wenn das Bastelwerk seinem Urheber ganz und gar nicht gefallen mag, versuch ich trotzdem etwas Gutes daran zu finden. Und dann lassen wir es ganz schnell verschwinden!

69

ich mag nicht mehr ...

Es war Weihnachtszeit und mein Großer und ich haben das erste Mal gemeinsam Plätzchen gebacken. Da war er knapp zweieinhalb und ich habe mich riesig auf diesen Moment gefreut. Doch plötzlich stand mein Sohn auf, sagte: „Ich mag nicht mehr" und ging davon. Was war passiert? Ich hatte ihm die ganze Zeit Anweisungen diktiert und ihn belehrt: „Nicht zu dünn ausrollen!", „Lass mich das machen!", „Setz die Ausstechformen doch enger zusammen!". Mir wurde klar, dass Kinder viele Dinge einfach anders machen als wir Erwachsenen, und dass es falsch ist, unsere eigenen Ansprüche auf sie zu übertragen. Kinderplätzchen sehen eben anders aus. Lecker sind sie trotzdem!

Gute Vorbereitung ist alles

Beim Basteln kann schnell mal ein Malheur mit Farbe und Klebstoff passieren. Damit das gemeinsame Basteln entspannt abläuft, können ein paar Vorkehrungen getroffen werden:

Zum Schutz der Kleidung ist es empfehlenswert, eine Bastelschürze oder alte Kleidung anzuziehen. Den Tisch und den Boden am besten mit Wachstischtuch, Folie oder Zeitung abdecken, damit nichts beschmiert wird. Zudem sollten empfindliche Gegenstände aus dem Bastelbereich entfernt werden.

Damit die Kinder nicht mit feuchter Farbe oder Klebstoff an den Händen durch die Wohnung laufen, lege ich vor dem Basteln alle Hilfsmittel und Werkzeuge, die wir für unser Bastelprojekt brauchen, bereit. So muss keiner zwischendurch aufstehen und die Bastelschere aus der Schublade holen. Und wenn doch, dann gibt es am Basteltisch immer ein feuchtes Tuch, mit dem die Hände abgewischt werden können.

Hilfreich ist auch ein griffbereites altes Tuch, mit dem Überschwemmungen auf dem Basteltisch blitzschnell trockengelegt werden können. Und an ganz wilden Basteltagen gibt es sogar eine Fußkontrolle: Jeder, der den geschützten Bastelbereich verlassen will, muss dann erst seine Fußsohlen vorzeigen. Nicht selten verstecken sich dort nämlich wahre Farbmonster, die nur darauf warten, ihre Spuren in der ganzen Wohnung hinterlassen zu können.

Doch irgendwann ist auch die schönste Bastelzeit zu Ende. Dann heißt es im Gänsemarsch ab ins Bad und raus aus den schmutzigen Kleidern. Die Kleider kommen in die Wäsche, die Kinder – je nach Bedarf – ans Waschbecken oder in die Wanne. Ich lege am Waschbecken immer dunkle Handtücher bereit, die weniger empfindlich sind, und ein Handtuch kommt auf den Boden, um die hellen Fliesenfugen vor herabtropfendem Farbwasser zu schützen. So hat unsere Bastelzeit garantiert ein Happy End.

Experten-Tipps

Klebstoffflecken entfernen

Klebstoff auf der Kleidung bleibt beim Basteln mit Kindern nicht aus. Wenn es darum geht, die Flecken wieder rauszubekommen, haben lösungsmittelfreie Klebstoffe die Nase vorn. Sie lassen sich einfach auswaschen. Bei herkömmlichen Allesklebern hilft hingegen nur der Griff zum Spezial-Fleckentferner. Noch frische Flecken lassen sich je nach Klebstoff außerdem mit Alkohol (Spiritus) entfernen. Trockenem Klebstoff kann man auch mit Aceton, Nitroverdünner oder Ethylacetat auf den Leib rücken. Davor unbedingt immer eine Farbprobe an einer verdeckten Stelle machen!

Farbflecken entfernen

Ich achte darauf, dass ich nur Filzstifte und flüssige Farben verwende, die wasserlöslich sind. Diese Farben lassen sich aus der Kleidung auswaschen und gehen auch von der Haut wieder rückstandslos ab. Trotzdem: Die Flecken immer kurz von Hand auswaschen, solange die Farbe noch feucht ist. Bei starker Verschmutzung die Kleidung außerdem vor dem Waschen z. B. mit Gallseife vorbehandeln. Bei wasserfesten Farben, z. B. Gelstiften, achte ich darauf, dass die Kinder sie nicht unbeaufsichtigt in die Hände bekommen.

Löcher stopfen

Ein kurzes Schnipp-Schnapp und schon ist das Loch im Pulli drin. Die ganz kleinen Bastler müssen den richtigen Umgang mit der Schere meist noch lernen. Und bis dahin wird fleißig experimentiert – mit allen Nebenwirkungen. Doch keine Panik. Nicht jedes Loch ruiniert gleich das ganze Kleidungsstück. Oft lassen sich die Löcher unter einer dekorativen Stoff-Applikation wie z. B. einem Herz, einem Stern oder einem Schmetterling verstecken.

Grundausstattung

Für das Basteln mit Kindern braucht es nicht viel: Schere, Klebstoff, Bleistift und Radiergummi, fertig ist die Grundausstattung. Die Schere sollte kindgerecht sein und abgerundete Spitzen haben. Beim Kleben ist bei Kindern meist Klotzen statt Kleckern angesagt. Daher empfehle ich herkömmlichen Alleskleber in der Flasche oder in der tropffreien Plastiktube. Herkömmlicher Alleskleber wellt das Papier nicht und wird schnell fest. Das garantiert auch bei dick aufgetragenem Klebstoff schöne Ergebnisse und keine Unterbrechungen durch lange Wartezeiten. Er hat jedoch den Nachteil, dass er nicht auswaschbar ist und Lösungsmittel enthält. Wem diese Punkte wichtig sind, der sollte entsprechende Klebstoffe ohne Lösungsmittel verwenden.

Kleber klebt super!

Bastelbasics

Vorlagen übertragen

Es gibt viele Möglichkeiten, Vorlagenzeichnungen auf Papier oder andere Materialien
zu übertragen. Für kleine Kinder finde ich die
Schablonenmethode jedoch am besten.
Und so geht's:

1 Eine Fotokopie der Vorlagenzeichnung machen, grob ausschneiden und auf dünne Pappe
aufkleben.

2 Die Vorlagenzeichnung sauber und exakt
ausschneiden. Fertig ist die Schablone.

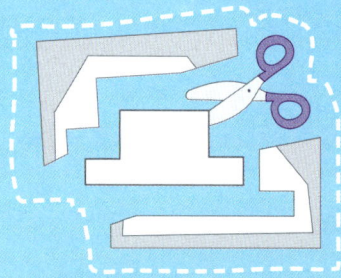

3 Die Schablone auf das gewünschte Material
auflegen, mit einer Hand festhalten und mit
der anderen Hand mit dem Bleistift umfahren.

4 Die Schablone abnehmen und das Motiv ausschneiden, anmalen oder wie in der Anleitung
weiter bearbeiten.

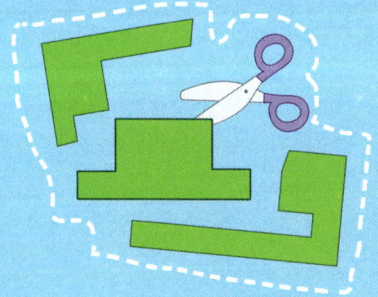

Hinweis: Die Vorlagenzeichnungen in diesem
Buch sind für die Schablonenmethode opti-
miert. Die Innenlinien sind so gezeichnet, dass
sie als schmale Schlitze ausgeschnitten werden
können, in die man beim Umzeichnen der Schablone mit dem Stift fahren kann.

Basteln mit Papier und Co.

Das Papieruniversum ist unermesslich. Es gibt Papier in allen Farben, mit allen möglichen Motiven und in unterschiedlichsten Stärken (Grammatur). Festes Schreibpapier mit einer Grammatur von 100 g/qm, Tonzeichenpapier mit einer Grammatur von 130 g/qm und Tonkarton mit einer Grammatur von 220 g/qm sind am besten für das Basteln mit Kindern geeignet. Sie lassen sich gut reißen, schneiden, falten und stanzen, und sind vielseitig verwendbar.

TIPP: Neben Papier bieten sich auch Pappteller, Papprohre, Pappbecher, Pappschachteln, Pappdosen oder andere Alltagsdinge aus Papier zum Basteln mit Kindern an.

Papier schneiden

Der Umgang mit der Schere will geübt sein. Das Schneiden haben die Kleinen meist schnell raus, aber bis zum perfekten Schnitt dauert es noch seine Zeit. Bis dahin darf man einfach keine Wunder erwarten. Meist gelingen kurze gerade Schnitte am Anfang leichter. Das kann bei der Modellwahl gut berücksichtigt werden. Rundungen, Kurven und Kreise sind für Kinder besonders knifflig. Für kleine Kreise empfehle ich daher Kreisstanzer. Das Stanzen macht den kleinen Bastlern nicht nur großen Spaß, sie erhalten auch perfekte Ergebnisse. Bei großen Kreisen kommt man dagegen nicht um das Schneiden mit der Schere herum. Nicht wundern, wenn der Kreis anfangs noch wie ein Vieleck aussieht!

TIPP: Zum Anzeichnen der Kreislinie verwendet man am besten runde Gegenstände wie Pappdosen, Gläser, Tassen oder Schüsseln. Pappteller, Tortenunterlagen aus Pappe, runde Faltpapiere oder Bierdeckel sind oftmals auch eine gute Idee, wenn man mit runden Formen basteln möchte.

Hexentreppe falten

Dazu werden zwei gleich breite Papierstreifen benötigt, hier ein blauer und ein grüner.

1 Klebe den grünen Streifen an einem Ende im rechten Winkel auf den blauen (siehe Abbildung).

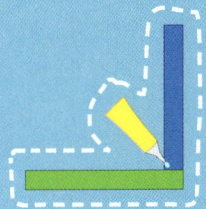

2 Falte den unteren, blauen Streifen über den grünen. Jetzt liegt der grüne Streifen unten.

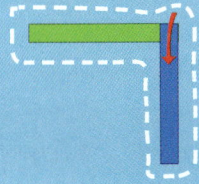

3 Falte den grünen Streifen über den blauen.

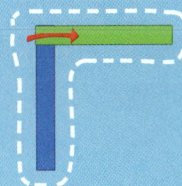

4 Nimm wieder den blauen Streifen und falte ihn über den grünen.

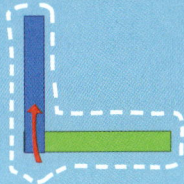

5 Mach so weiter und falte die beiden Streifen immer abwechselnd übereinander, bis die Hexentreppe fertig ist.

Basteln mit Wolle, Stoff & Co.

Schafwolle, Strickgarn, Stoff und Filz: Der Einstieg ins Handarbeiten bietet ein breites Spektrum an Erfahrungsmöglichkeiten. Handarbeiten sind jedoch nicht einfach. Da sind Vorstich, Pompons und Kordeln erst der Anfang! Und trotzdem braucht man hierfür schon sehr viel Fingerfertigkeit. Die lässt sich bei spielerischen Bastelarbeiten mit Handarbeitsmaterialien trainieren. Mit Wolle können ganz wunderbar Dinge umwickelt werden, mit Jerseybändern kann man gut knüpfen, Stoff kann geklebt und bemalt werden und aus bunten Socken können wunderbare neue Dinge entstehen.

Pompons wickeln

Es gibt viele Möglichkeiten, um Pompons anzufertigen. Auf Seite 24/25 und Seite 34/35 werden in diesem Buch gleich zwei Techniken vorgestellt. Das Wichtigste bei einem Pompon ist aber nicht die Technik, sondern die Wolle aus dem er gefertigt wird. Sie sollte leicht und flauschig sein. Garne aus reiner Wolle oder aus einem Wolle-Kunstfasergemisch sind gut geeignet. Schwere Baumwollgarne liefern dagegen keine schönen Ergebnisse.

TiPP: Kinder tun sich leichter, wenn die Wolle etwas dicker ist. Dann dauert das Wickeln nicht so lange.

Kordeln drehen

1 Nimm ein langes Stück Wolle, lege es doppelt und verknote die losen Enden miteinander.

2 Knote das eine Ende an einem festen Gegenstand fest, z. B. an einer Türklinke.

3 Stecke einen Stift durch das andere Ende und lege eine Hand wie einen Tunnel knapp neben dem Stift um die Wolle.

4 Mit der anderen Hand drehst du den Stift so schnell du kannst im Kreis, wie die Rotorblätter eines Hubschraubers.

5 Wenn die Wolle dicht verdreht ist, kannst das Stiftende zum festgeknoteten Ende führen und die verdrehten Wollfäden doppelt legen. Dabei schlingen sie sich umeinander und die Kordel entsteht.
Mach einen Knoten in das offene Ende, damit sich deine Kordel nicht aufdreht. Fertig!

Nähen mit Vorstich

Der Vorstich ist ganz einfach:

1 Fädle den Faden in die Nadel und mach einen Knoten in das lange Ende.

2 Stich mit der Nadel von unten nach oben durch den Stoff und zieh den Faden durch.

3 Stich etwas weiter vorn wieder nach unten und ziehe den Faden nach.

4 Stich etwas weiter vorn wieder nach oben und mach so weiter, bis die Naht fertig ist.

Basteln mit Fundsachen

Draußen in der Natur kann man bei einem Spaziergang Blätter, Zweige, Tannenzapfen, Kastanien, Steine und viele andere tolle Sachen sammeln, aus denen Zuhause wunderbare Bastelprojekte werden. Auch im Haushalt findet sich allerlei, was Kinder zum Basteln verwenden können. Muffinförmchen, Einwegbesteck, Geschenkband, Putzschwämme, PET-Flaschen, Alufolie: Alles ist zum Basteln da!
Zu beachten gibt es wenig, außer dass die Materialien nicht scharfkantig oder gesundheitlich bedenklich sein sollten.

TIPPS: Kastanien bleiben länger frisch, wenn man sie einfriert. Vor dem Basteln einfach kurz auftauen lassen!

TIPPS: Blüten und Blätter zwischen die Seiten eines dicken, schweren Buches legen und ein paar Tage darin trocknen lassen. Dann sind sie schön glatt gepresst.

Basteln mit Farbe

Wer kleinen Kindern zuschaut, wie sie mit Farbe experimentieren, erlebt, was für ein sinnliches Vergnügen das ist. Sie wollen die Farbe anfassen und mit ihr spielen. Kein Wunder sind Fingerfarben so angesagt. Aber auch spielerische Techniken, wie die Blubber- oder Pustetechnik (Seite 54 bzw. 58), machen Farbe erlebbar und stehen hoch im Kurs.
Damit das Basteln mit Farbe richtig Spaß macht, gibt es ein paar einfache Tricks. Kleineren Kindern bietet man die Farben am besten in kleinen Näpfen an. Dafür eignet sich z. B.

eine alte Muffinbackform. Zum Malen kann man sich selbst Pinsel aus Wattebäuschen machen, die in Wäscheklammern geklemmt werden (siehe Seite 56). Am besten bekommt jeder Napf seinen eigenen Klammerpinsel, damit die Farben möglichst lange rein bleiben. Größere Kinder können die Bastelfarben aus der Flasche auf einen Pappteller geben und dort nach Wunsch miteinander mischen. Vom Teller lässt sich die Farbe leicht aufnehmen. Darum eignet er sich auch als Farbspender für diverse Drucktechniken. In einer Schale mit Wasser können Pinsel oder andere Malgeräte vor jedem Farbwechsel gereinigt werden. Auf jeden Fall sollten sie aber nach der Arbeit gut ausgespült und getrocknet werden, damit sie möglichst lange halten.

TIPPS: Bei Farbe verhält es sich bei Kindern übrigens wie beim Klebstoff: Es wird gerne mal dick aufgetragen. Besonders preiswert ist Voll- und Abtönfarbe aus dem Baumarkt, die in vielen Farben und in großen 250 ml-Flaschen angeboten wird. Sie kann mit Wasser verdünnt werden und ist außerdem geruchs- und schadstoffarm.

TIPPS: Kleine Kunstwerke lassen sich übrigens schön in Szene setzen, wenn sie mit Foldback-Klammern, Metall-Klemmen oder Klemmbrettern an der Wand aufgehängt werden. So lassen sich alte Kunstwerke auch schnell und unkompliziert gegen neue austauschen. Einen schönen Rahmen verleihen auch bemalte Pappteller - in rund oder rechteckig (siehe Seite 58 bzw. 66).

VORLAGEN

76

Watte-Stempel-Eier
Seite 56

Bitte auf 200 % vergrößern

Krepppapier-Transfer-Anhänger
Seite 60/61

Bitte auf 200 % vergrößern

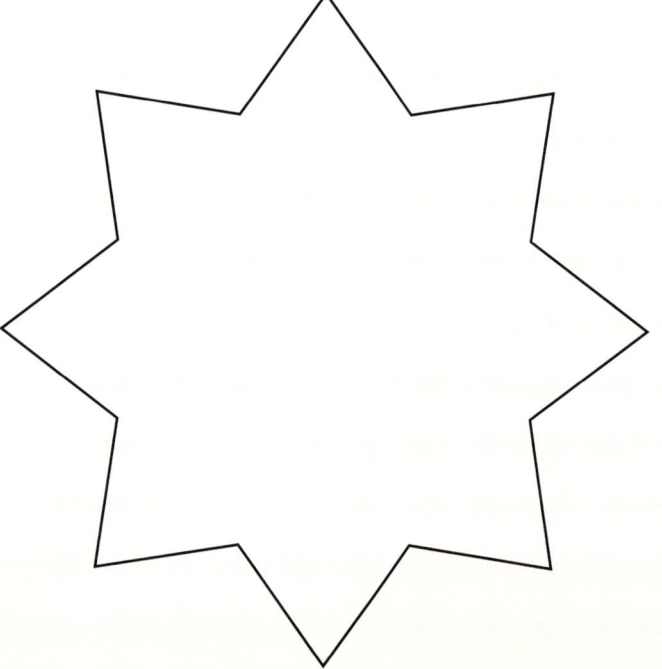

Eisfächer
Seite 15

Bitte auf 200 % vergrößern

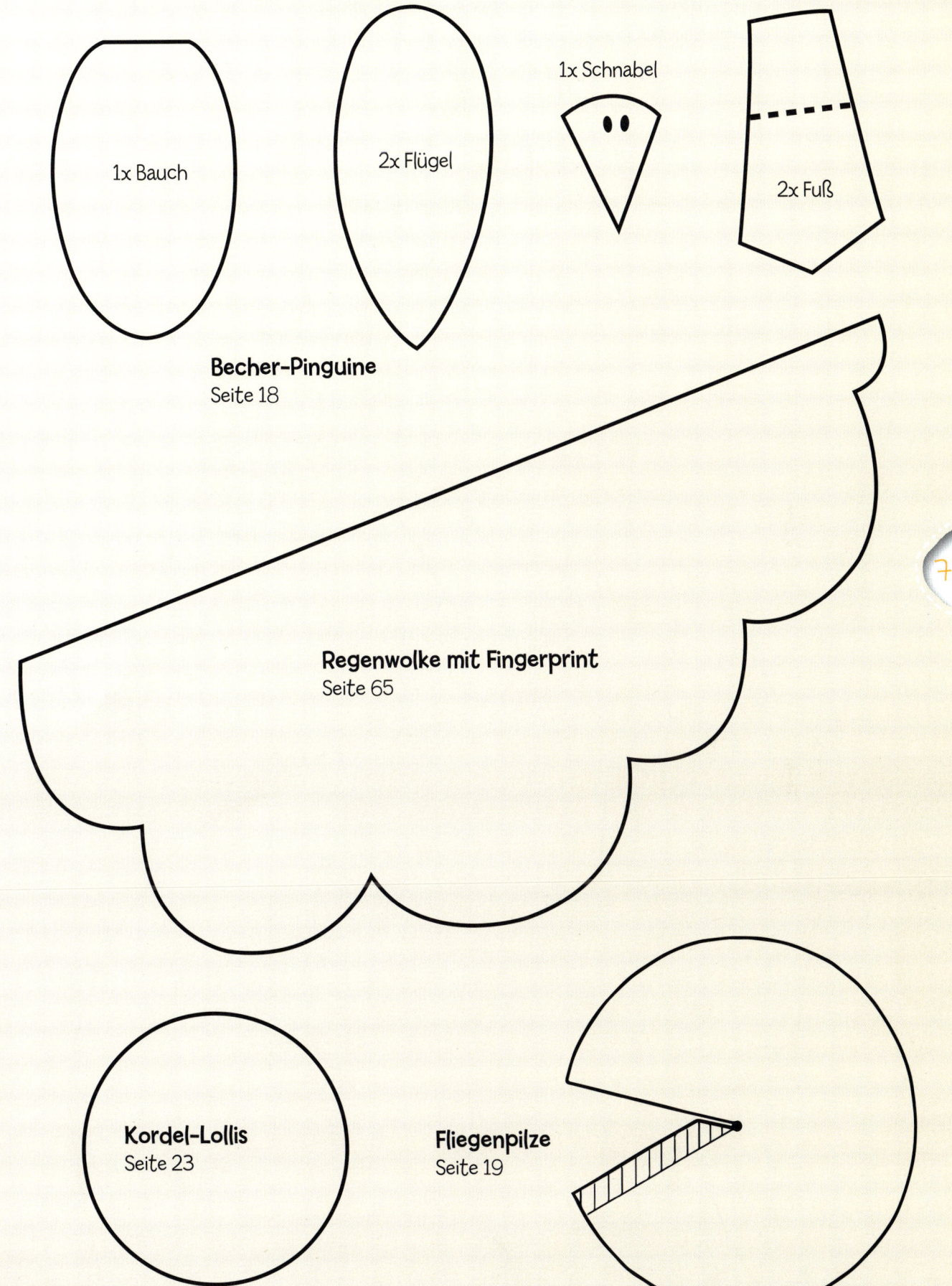

1x Schnabel

1x Bauch

2x Flügel

2x Fuß

Becher-Pinguine
Seite 18

Regenwolke mit Fingerprint
Seite 65

Kordel-Lollis
Seite 23

Fliegenpilze
Seite 19

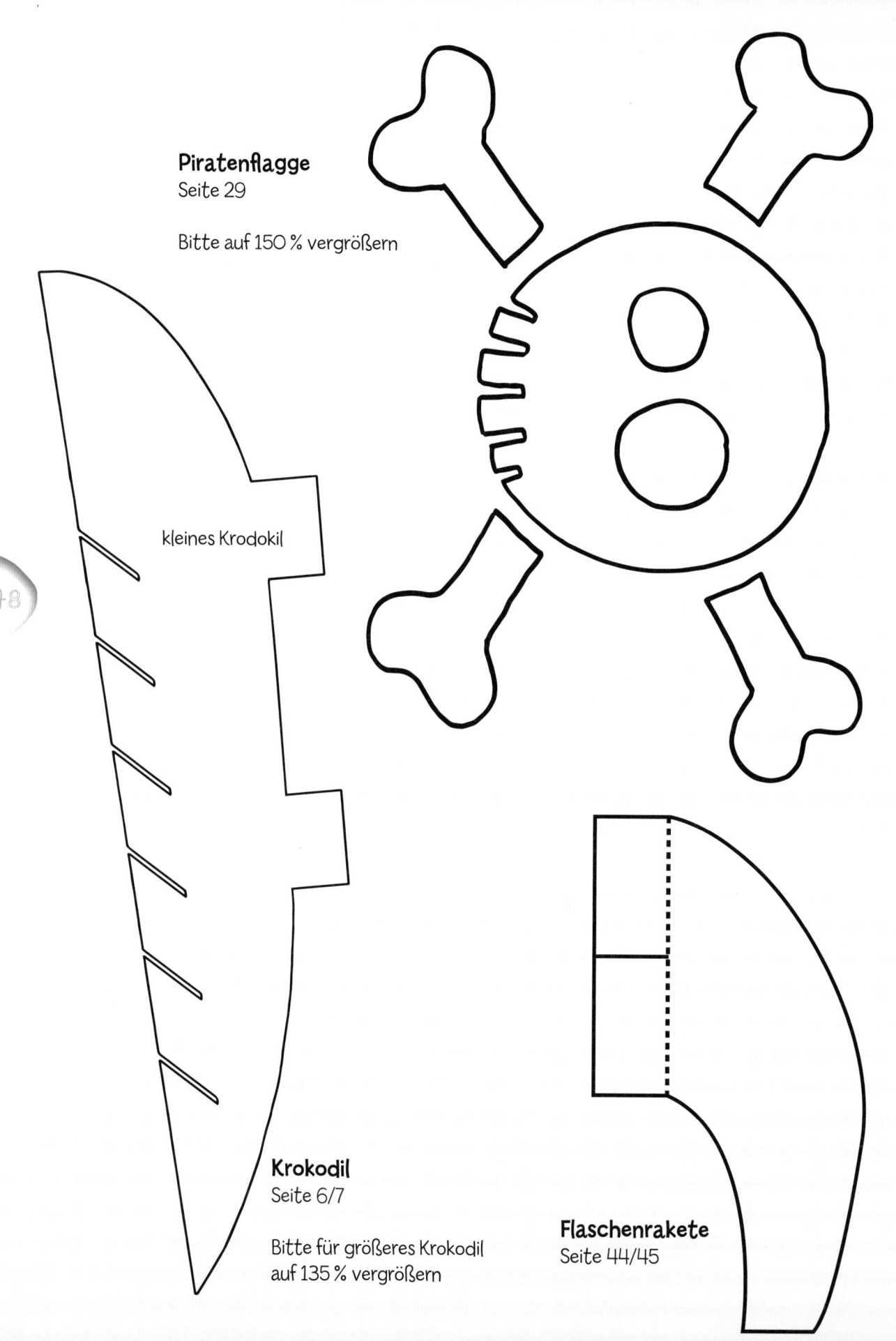

Piratenflagge
Seite 29

Bitte auf 150 % vergrößern

kleines Krodokil

Krokodil
Seite 6/7

Bitte für größeres Krokodil
auf 135 % vergrößern

Flaschenrakete
Seite 44/45

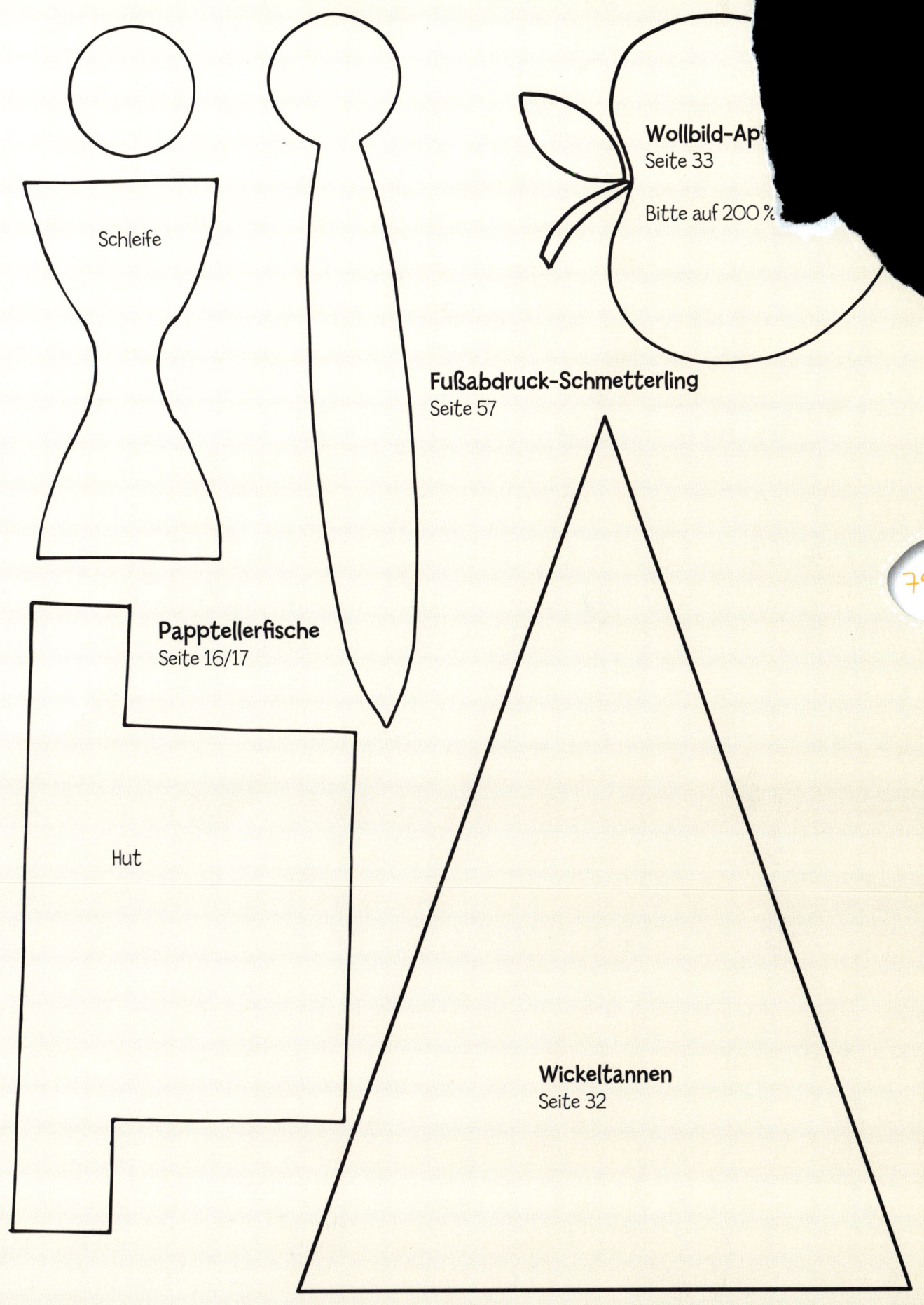

Schleife

Wollbild-Ap
Seite 33

Bitte auf 200 %

Fußabdruck-Schmetterling
Seite 57

Papptellerfische
Seite 16/17

Hut

Wickeltannen
Seite 32

79

Susanne Pypke arbeitet als freie Lektorin und Kreativ-Autorin im Stuttgarter Westen. Ihre Leidenschaft für das Selbermachen hat sie schon früh entdeckt. Nichts war schöner, als an Regentagen zu basteln, in Mamas Nähkästchen zu kramen oder die Gerätschaften in Papas Werkstatt auszuprobieren. Ihr Können setzt sie bis heute in zahlreichen DIYProjekten um. Ein kleiner Ausschnitt davon ist auf ihrem Kreativblog fraeuleinfloh.blogspot.de zu sehen.

Impressum

MODELLE: Susanne Pypke
FOTOS: frechverlag GmbH, 70499 Stuttgart; lichtpunkt, Michael Ruder, Stuttgart; Kinderfoto Cover: Shutterstock, Oksana Kuzmina
SCHRITTILLUSTRATIONEN: schwab:illustrationen, Haselund
ILLUSTRATIONEN: designed by freepik.com
PRODUKTMANAGEMENT: Mirjam Buchwald
LEKTORAT: Franziska Hannig
LAYOUT UND SATZ: Eva Grimme
DRUCK UND BINDUNG: DRUK-INTRO S.A., Polen

1. Auflage 2017
© 2017 frechverlag GmbH, Turbinenstraße 7, 70499 Stuttgart

ISBN 978-3-7724-7671-6
Best.-Nr. 7671